Александр Лих

AF705106

Стихи-ответы для детей:

«ЧТО, КТО И ПОЧЕМУ?»

А

1.

АВТОБУС

Такая вот машина,
Коротка и длинна.
Людей там едет много,
Для всех одна дорога.

Людей он перевозит,
До дома их довозит,
Кого и до работы,
У всех свои заботы.

Ты ждёшь на остановке,
Заходишь в него ловко.
Сидишь ты в нём охотно,
Если есть свободно.

Ты старшим уступаешь,
Ведь ты их уважаешь.
Стоять же тоже можно
И это - так не сложно.

А

2.

АКВАРИУМ

Маленький подводный мир,
Ну а ты там - командир.
Ты сам определяешь,
Кого туда сажаешь.

Растения и рыбки,
Песочек и улитки.
Сам ты это так решил
И воды туда залил.

Аквариум, как малый дом.
Хорошо всем в доме том?
Им заниматься надо,
Делов в нём, многовато.

Раз аквариум завёл,
То на ответственность пошёл.
За всё в нём отвечаешь,
Рыб кормишь, убираешь.

Александр Лих

Стихи-ответы для детей:
«ЧТО, КТО И ПОЧЕМУ?»

Моей маме – Эрне Эммануиловне Лих – и сестре –
Лилии Фрицлер – посвящается

Bibliografische Information der Deutschen Nationalbibliothek:
Die Deutsche Nationalbibliothek verzeichnet diese Publikation in der Deutschen Nationalbibliografie; detaillierte bibliografische Daten sind im Internet über http://portal.dnb.de abrufbar.

ISBN 978-3-98527-889-3

Umschlagillustration: Katerina Davidenko
(Shutterstock.com)

www.rediroma-verlag.de
8,95 Euro (D)

ОТ АВТОРА

Дорогие мамы и папы, дедушки и бабушки! Это книга для маленьких деток. Вы часто сталкиваетесь при воспитании Ваших детей и внуков с их вопросами о различных предметах, животных, погодных условиях и так далее. Они Вас постоянно об этом спрашивают и хотят знать: Что? Кто? Почему?

Я постарался в этой книге помочь Вам ответить на самые употребляемые из них, коротко и в стихотворной форме.

Здесь Вы найдёте 100 стихов-ответов на такие вопросы.

Эта книга является художественным произведением и отображает исключительно мнение автора.

С уважением к Вам

автор книги
Александр Лих

СОДЕРЖАНИЕ:

Ё

З

И

К

П

Р

С

Т

У

Х

Ц

Ч

Ш

Щ

Я

А

3.

АПЕЛЬСИН

Это фрукт – он апельсин,
Есть похожий – мандарин.
Апельсин побольше
И кожура потолще.

На деревьях он растёт,
Дерево плоды даёт.
Оранжевый он спелый,
Зелёный - недозрелый.

Кожура снимается,
Вот так он очищается.
Мякоть у него внутри,
Его почисть и посмотри.

Сок из него хороший,
Оранжевый он тоже.
Пить его полезно,
Тебе скажу я честно.

А

4.

АРБУЗ

Ну а это вот арбуз,
Очень сладкий он на вкус.
Внутри он нежный, красный,
И нет его прекрасней.

Снаружи он зелёный,
Бывает светлый, тёмный.
Внешне он округлый
И очень «дружелюбный».

Едят его все летом,
И любят так за это.
Он внутри прохладный
И сам такой забавный.

Семечки в нём тёмные,
Маленькие, скромные.
Их не надо кушать,
В этом маму слушай!

Б

5.

БАБУШКА

Бабушка любимая,
Милая, родимая,
Нежная, прекрасная,
Как солнышко ты ясная.

С утра ты кушать варишь,
С кровати поднимаешь,
В садик ты отводишь
И долго не уходишь.

А позже, забираешь,
Потом со мной гуляешь.
Мороженое купишь,
Сама разок откусишь.

Меня ты очень любишь,
Играешь и целуешь.
Всем дома помогаешь.
Когда ты отдыхаешь?

Б

6.

БАССЕЙН

Если хочешь ты купаться,
Водным спортом заниматься,
То идешь в бассейн ты,
Он «исполнит» те мечты.

Также есть для малышей,
Там водичка потеплей.
Небольшой и мелкий,
Устроишь посиделки.

Сидишь удобно очень,
И вот ты весь намочен.
Игрушки все с собою,
Тут плавают с тобою.

А если ты спортивный
И в спорте креативный,
Как раз тебе он нужен,
Ты будешь там загружен.

Б

7.

БЕЛОЧКА

Она на дереве живёт
И орешки там грызёт.
Сначала собирает,
Прячет, засыпает.

Кушать хочет, ищет.
Где спрятала? Отыщет.
Бывает, не находит.
Порой и так выходит.

Рыжая, пушистая,
Такая золотистая.
Шустрая, прыгучая,
Бывает и летучая.

Она такая милая,
Нежная, красивая.
Порою любопытная,
Хотя и очень скрытная.

Б

8.

БУДИЛЬНИК

Есть часы различные,
Бывают необычные.
Есть те, что утром будят,
Они тебя разбудят.

Звенят, напоминают,
Проснутся помогают.
Будильник – он не маленький,
Громкий и удаленький.

Вставать то, неохота,
Его это забота.
Звенит, гудит он громко,
То длится очень долго.

Проснулся, его выключил,
И из кровати «выскочил».
Не хочется, а надо -
Будильника «награда».

В

9.

ВЕЛОСИПЕД

Твой это «друг» - велосипед.
«Всегда готов», - его ответ.
Садишься ты и едешь,
Быстро так доедешь.

Билет не нужен для него,
Он для тебя, для одного.
Всегда в любое время,
Садись и ногу «в стремя».

Есть двух- и трёхколесный,
Для маленьких и взрослых.
Дамский есть, спортивный,
Такой результативный.

Хорош он для здоровья,
И ты к нему с любовью.
Вперёд, крути педали,
Они тебя так ждали.

В

10.

ВЕРБЛЮД

То животное такое,
Оно спокойное, большое.
По пустыне ходит,
Колючки там находит.

Ими он питается
И жиром запасается.
Он в горбу находится
И в воду производится.

Горбы у них имеются,
От них верблюды греются.
Много одногорбые,
Есть в Азии, двугорбые.

Крепки они, выносливы
И внешне очень рослые.
Сами дружелюбные
И меж собою дружные.

В

11.

ВОДА

Откуда же вода?
Берётся изо льда.
Когда тот лёд подтает,
Вода и возникает.

Воды бывает много,
Она как «недотрога».
Течёт везде, где хочет,
Бывает, что намочит.

Вода нужна всем людям,
Пьют, здоровее будут.
В морях есть, в океанах,
Во всех далёких странах.

Жидкая, блестящая,
Водичка настоящая.
Для питья - так пресная,
Пей её, полезная.

В

12.

ВОЗДУШНЫЙ ШАРИК

Шарик - он воздушный,
Лёгкий, непослушный.
Ветер им «играет»,
Детишек забавляет.

Цветов бывает разных,
Зелёных, синих, красных.
Сначала надувают,
Ну а потом, играют.

Другой есть шар - воздушный,
Большой он и «послушный».
Корзину прикрепляют
И люди в ней летают.

В нём сверху видишь много,
Дома, леса, дороги.
Для странствий он подходит.
Смотри, как солнце всходит.

В

13.

ВРЕМЯ СУТОК

Солнышко решает,
Что теперь бывает.
Если оно всходит,
То утро к нам приходит.

Если светит ярко,
То день настал и жарко.
Солнышка закат,
То вечер «виноват».

А если солнца нету,
Тут не нужны советы.
Знать ночь уже пришла
И деткам спать пора.

Вот так оно бывает
И так проистекает.
Вот солнышко какое,
Решение временное.

Г

14.

ГРОЗА

Это тоже часть погоды,
Своенравна в своём роде.
Откуда же берётся?
Так почему зовётся?

Между облаками,
Ну, как-то, временами,
Разряды возникают,
Их громом называют.

Меж облаком, землею,
И это есть такое,
Разряд бьёт электрический
И действует магически.

Вокруг всё громыхает.
На вид - «огнём пылает».
То к молниям приводит,
Грозе и непогоде.

Д

15.

ДЕВОЧКА

Девочка ты милая,
Прелестная, красивая,
Маленькая, нежная,
Добрая, прилежная.

Родителей - ты радость,
Для бабушек - ты «сладость»,
Для дедушек - ты гордость,
Все ценят твою скромность.

Ты мамина помощница,
Она твоя поклонница.
Ты одета модно,
Одежда та - добротна.

Рисование, пение,
Твои то увлечения.
Ты с куклою играешь
И с ней ты засыпаешь.

Д

16.

ДЕД МОРОЗ

Это Дедушка Мороз,
Борода и красный нос.
Он с подарками пришёл,
По пути к тебе зашёл.

Ему стишок ты расскажи,
И что хороший, докажи.
Можешь также песню спеть
И на вопросы все ответь.

Ещё ты можешь станцевать,
Своё умение показать.
Его всем этим удиви
И благодарность заслужи.

А он тебя вознаградит,
Твою мечту осуществит.
Подарок даст хороший.
Значит ты - пригожий.

Д

17.

ДЕДУШКА

Умнее нету деда,
Всё знает, непоседа.
Всегда такой активный,
Сильный, позитивный.

На спорт меня он водит,
Смотрит, не уходит.
Советом помогает,
Так иногда, бывает.

На музыке со мною.
Я тайну приоткрою -
играть на всём «умеет».
Ну всё он разумеет.

Вот дедушка какой,
Весёлый, озорной.
И, про между прочим,
Меня он любит очень.

Д

18.

ДЕЛЬФИН

Животное такое,
Прекрасное, большое.
В морях и океанах,
Живут эти гурманы.

Питаются там рыбкой
И плавают так шибко.
Живут большой семьёю,
Дружною такою.

Корабли встречают
И их сопровождают.
Щебечут от восторга,
Такие фантазёрки.

Все дружелюбны очень,
Красивы, между прочим.
Умны, аж фантастично.
Как это необычно.

Д

19.

ДЕНЬГИ

Ты уже про это знаешь
И вот в этом понимаешь.
В магазине ими платишь.
Покупаешь, деньги тратишь.

Чтобы что-нибудь купить,
Деньги надо заплатить.
Карточка, наличные,
Твои деньги личные.

Есть банкноты и монеты.
Слышал ты и знаешь это?
Бумажные, железные
И для людей полезные.

Там стоимость имеется,
За то и деньги ценятся.
Цифры там большие,
Значит - дорогие.

Д

20.

ДЕНЬ РОЖДЕНИЯ

Ты в этот день родился,
На свет ты появился.
Сегодня День рождения,
Отправь-ка приглашения.

Все принесут подарки,
Они красивы, ярки.
С праздником поздравят,
Игрушками обставят.

Их так будет много,
Но не суди всех строго.
Подарки будут разные,
Они разнообразные.

С детьми играть ты будешь,
Тот день не позабудешь.
Торт будет со свечами,
Задуй их, обещай мне.

Д

21.

ДЕТСКИЙ САДИК

Садик, он для малышей,
В школу - если повзрослей.
Детки там встрсчаются
И вместе занимаются.

Ты с утра проснулся
И сладко потянулся.
Встаёшь ты, умываешься
И сам ты собираешься.

В сад идёшь играться,
Учиться, заниматься.
Там будешь спать и кушать,
Нянечек всех слушать.

Тебе там очень нравится,
За весь бы день управиться.
Прошёл день, не заметил.
И кто же тебя встретил?

Д

22.

ДОЖДИК

Откуда дождик взялся?
И как он состоялся?
Водицы с неба много
И вниз у ней дорога.

Он в тучках появляется
И льёт, тебя касается.
Мокрый ты становишься,
Если остановишься.

Зонтик есть с собой,
Чтобы быть сухой?
С собой он должен быть.
Дождь может намочить.

Дождю деревья рады,
Водичка - для услады.
Её они напьются
И шире развернутся.

Д

23.

ДОМ

То квартира или дом,
Хорошо всем в доме том.
Тут живёт твоя родня,
Это вся твоя семья.

Мама, папа, брат, сестра,
Родней их нету у тебя.
Всем хорошо живётся в нём,
Для этого и служит дом.

Дом красивый, современный,
Он просторный и семейный,
Тёплый и уютный.
Дом в этом - абсолютный.

Туда спешишь всегда ты,
Пусть обождут ребята.
Он ждёт тебя с надеждой,
С любовью безбрежной.

Д

24.

ДРУЗЬЯ

Есть ли у тебя друзья?
Сам спроси теперь себя.
С которыми играешь,
Которых понимаешь.

Друзьям-то рад всегда ты,
Хорошие ребята.
Девчонки и мальчишки,
Они как ты - детишки.

В садике и дома,
Ты рад их видеть снова.
Домой их приглашаешь,
Там вкусно угощаешь.

Ты сам как друг – хороший.
И в этом, вы похожи.
Во всём вы помогаете,
Друг друга уважаете.

Ё

25.

ЁЖИК

В лесу, в полях живут ежи,
Ты их потрогать не спеши.
Есть у них иголки,
Как у пушистой ёлки.

Внешне ёж красивый
И даже очень милый.
Ростиком он маленький,
Но зверёк удаленький.

Ест насекомых, фрукты.
Такие вот продукты.
Цветом чёрно-белый,
А есть и жёлто-серый.

Ежи - зверьки ночные,
Шустрые такие.
Как мишки спят зимой,
Ты их не беспокой.

Ё

26.

ЁЛОЧКА

Ёлочка - она прекрасна,
Стройна, душиста, первоклассна.
На Новый год её ты ждёшь,
Ты сам нарядишь и «зажжёшь».

Игрушками её украсишь,
«Снежинки» на неё приладишь.
Звезду наверх поставишь ты.
Ну, лучше нету красоты.

А пахнет как она чудесно
И как нарядна, как прелестна.
Какой ты в этом молодец,
Ещё добавишь ты колец.

А где же ёлочки растут?
Откуда их домой берут?
Они в лесу произрастают.
Есть рынок. Там их покупают.

З

27.

ЗВЕЗДА

Звёзд на небе много
И они далёко.
Светятся так ярко,
Но от них не жарко.

Ты их ночью видишь,
А днём и не увидишь.
Рукой их не достанешь,
Хоть даже взрослым станешь.

Есть звёздочки на ёлках,
В морях и на заколках,
На флагах, на печенье,
В спорте и в свечении.

Ты – «звёздочка» для мамы,
Для близких и для папы.
Ещё «звездой» стать можно,
Если петь не сложно.

З

28.

ЗОНТИК

Дождик льёт как «из ведра»,
Вот такая вот беда.
Поливает сильно,
Водичкою обильно.

Что же делать? Как же быть?
Надо зонтик бы купить.
В такую вот погоду,
Он победит невзгоду.

Зонтик открываешь,
Себя ты защищаешь.
Над собою держишь,
Верх над дождём одержишь.

Бывают раскладные
И цельные такие.
Разницы в том нету,
Скажу я по секрету.

З

29.

ЗООПАРК

Сегодня воскресенье,
Какое наслаждение.
Ты едешь в зоопарк,
В большой зверинец-парк.

Сидят там звери в клетках
И птицы есть в беседках.
Слоны стоят в вольерах,
Такая зоосфера.

Звери очень разные,
Тёмные, цветастые.
Пингвины, тигры, волки.
Олень - погладь по холке.

Дай ты им покушать
И трели птиц послушай.
Будь добр к ним и ласков,
Пройдёт тот день, как сказка.

З

30.

ЗУБНАЯ ЩЁТКА

Зубки - это красота!
Это тоже - часть тебя.
Их ты должен чистить сам,
По утрам и вечерам.

Для зубов, их обработки,
Ты возьми зубную щётку,
Положи зубную пасту,
Чисти зубы - то прекрасно.

После чистки, щётку мой,
Это делать не впервой,
Чтоб была всегда готова,
Чистить твои зубы снова.

Электрическая есть,
Та не сможет надоесть.
Крутится сама и чистит,
Зубки начисто прочистит.

И

31.

ИГРУШКИ

Вот твои игрушки:
Мячики, зверушки,
Куклы и машинки,
Шарики, картинки.

С ними ты играешь,
А после – убираешь.
На полку и в коробку,
Складываешь ловко.

У каждой есть свой «домик»,
Там есть любимый гномик,
Мишка или зайчик
И маленький трамвайчик.

Лучшая игрушка,
«Спит» рядом на подушке.
С тобою просыпается,
День новый начинается.

К

32.

КАРАОКЕ

А ты любишь песни петь?
Можешь что-нибудь пропеть?
В том поможет микрофон,
Для караоке нужен он.

В руки ты его берёшь
И легко ты с ним поёшь.
Текст ты видишь и читаешь,
Ничего не пропускаешь.

Караоке поёшь дома
И в гостях, и у знакомых.
«Мастер песни» станешь ты,
Исполняются мечты.

Ну а может быть на сцену?
Ты почувствуй перемену.
Станешь лучшим ты певцом,
Музыкантом и творцом!

К

33.

КАЧЕЛИ

Во дворе у вас качели
И качели-карусели.
Сел, катаешься на них,
Ты быстрее остальных.

Солнце, радость, красота
И приятная езда.
Тебя катание занимает
И ветер радость доставляет.

Осторожней всё же будь,
Пристегнуться не забудь.
И скажи другим детишкам:
«Ехать быстро - это слишком».

В парках есть качели тоже,
Покрупней, но чем-то схоже.
Много разных, необычных,
Внешне даже фантастичных.

К

34.

КАША

Она бывает разная,
Рисовая, манная.
На молоке и с маслом.
Как она прекрасна!

Утром её кушаешь,
Тут же маму слушаешь:
Ложечку за маму,
Ложечку за папу.

Она такая нежная,
Тёплая и свежая.
Есть её приятно
И это так занятно.

Кашку ешь ты утром,
Счастливая минутка.
Съел и стал большой.
Красивый ты такой!

К

35.

КНИЖКА

Она твоя любимая,
Книжечка красивая.
Картинки интересные,
Большие и чудесные.

Ты сам её читаешь
И всё в ней понимаешь.
А мама помогает?
Может вслух читает?

Её берешь с собою,
В гости, в отпуск, к морю.
С ней так интересно,
Читается как «песня».

Легко, непринуждённо,
Читаешь упоённо.
Перед сном листаешь,
Закрыл и засыпаешь.

К

36.

КОМПЬЮТЕРНЫЕ ИГРЫ

Есть игры вот такие,
Они вообще другие.
Играешь в них ты дома,
А дома - всё знакомо.

Сидишь себе играешь,
Устал, так выключаешь.
Один или с друзьями,
С другими сторонами.

В пути играть в них можно
И это – да, возможно.
Ты сам в них управляешь,
Решения принимаешь.

Но иногда бывает,
Что и надоедает.
Тогда идёшь гуляешь,
От игр отдыхаешь.

К

37.

КОРАБЛЬ

На морях и океанах,
Часто на киноэкранах,
Ты такое видишь чудо.
Что такое и откуда?

Беленький такой красавец,
Вечный он морей скиталец,
Бороздит он все моря.
Встанет, бросит якоря.

Пассажиров, грузы возит,
В порт морской порой заходит.
Управляет капитан,
Всех морей он «ветеран».

Ну, а в ванне ты сидишь,
В ванной ты руководишь.
Там кораблик запустил,
Ты подул и он поплыл.

К

38.

КОТЁНОК

Вот маленький котёнок,
Он и как ты – ребёнок.
Его мама – кошка,
С ним поиграй немножко.

Играться очень любит,
Он благодарен будет.
Дай ему покушать
И песенку послушать.

Он такой забавный,
Пушистый, ненаглядный.
Такой он добродушный,
К тебе неравнодушный.

Он маленький, красивый
И вправду очень милый.
С тобой он засыпает,
Мурлыкает, мечтает.

К

39.

КРОВАТКА

Это вот твоя кроватка
На которой спишь так сладко.
Уютная, удобная,
Мягкая и «сдобная».

Спишь ты в ней охотно,
Легко и беззаботно.
Ложишься, засыпаешь.
О чём же ты мечтаешь?

С утра встаёшь весёлый,
А не какой-то квёлый.
Её сам заправляешь,
Красиво поправляешь.

Мама тому рада,
Ты её отрада.
Ведь то твоя кроватка.
Вот встал и на зарядку.

К

40.

КУБИКИ

Как прекрасны же они,
Эти кубики твои.
С ними интересно.
Легко играть. Полезно.

Ты в них «главный инженер»,
Все берут с тебя пример.
Можешь строить домик,
Пирамидку, столик.

Дворец и за́мок можно,
Это всё возможно.
Строишь сам, с друзьями.
Потом, покажешь маме.

Кубики квадратные
И внешне аккуратные.
Пластмассовые, с дерева.
Построй свою империю!

К

41.

КУКЛА

Это куколка твоя.
Она - твоя «семья».
Маленькая девочка,
Девочка-припевочка.

Ты её с утра одень,
Начался же новый день.
Красивая одёжка,
Удобная застёжка.

Она теперь нарядная,
Такая ненаглядная.
Тебе спасибо скажет
И «сказочку расскажет».

Её не оставляешь,
Ласкаешь, обнимаешь.
Спать рядом ты положишь
И ночью не тревожишь.

Л

42.

ЛЕС

Вот так чудо этот лес.
Здесь деревья «до небес».
Высокие и стройные,
Еловые и хвойные.

Полянки в нём, речушки,
Различные зверушки.
Грибы там есть и ягоды,
Их всех там есть не надо бы.

Средь ягод - несъедобные,
Хотя на вид и «сдобные».
Узнай об этом лучше,
Ну а потом уж кушай.

Один ты в лес не ходишь,
Ещё куда забродишь.
Там может всё случится,
В нём можно заблудиться.

Л

43.

ЛИСА

Лиса - животное такое,
Хищное и непростое.
Охотница отличная
И внешне симпатичная.

Живёт лиса в норе, в лесу,
Всех видит, чует за версту.
Ночью на охоте,
То есть, «на работе».

Хвост у ней пушистый,
Мягкий и игристый.
Лису он согревает
И бегать помогает.

В сказках - она хитрая
И очень дальновидная.
На кур там нападает,
Еду так добывает.

Л

44.

ЛОЖКА

Ложка - кухонный предмет,
Ею ешь ты на обед.
Завтрак, ужин тоже,
Без неё негоже.

Она в еде помощница
И её «поклонница».
Кушать помогает,
Радость доставляет.

Бывает маленькой, большой.
Поел и ты её помой.
От воды её протри
И снова в шкафчик положи.

Для обуви - есть тоже ложка,
Другою выглядит немножко.
Одеть ботинки помогает,
Тебя так это забавляет.

Л

45.

ЛУНА

Луна, она небесная
И очень интересная.
На небушке находится,
Нам спутником доводится.

Вокруг Земли вращается,
Но к ней не прикасается.
А так она холодная,
Для жизни непригодная.

Жизни на ней нету,
Одна «на бслом свету».
Бывает изменяется
И «месяц» называется.

Так видим половину,
Ну скажем, «боковину».
Свет от Луны исходит
И до Земли доходит.

М

46.

МАГАЗИН

Люди кушать все хотят,
В магазин они спешат.
Это здание такое,
И бывает, что большое.

В магазине есть продукты,
Мясо, хлеб, сыры и фрукты.
Регулярно люди ходят,
Купят всё, потом уходят.

Ну а дома, варят, парят,
Что-то вкусненькое жарят.
Вместе кушают потом,
Сидят дружно за столом.

Магазины есть другие,
Для одежды, обувные.
В общем всё, что людям надо.
Магазин - для них услада!

М

47.

МАЛЬЧИК

Милый мальчик ты такой.
Шустрый, юркий, заводной!
Всем ты помогаешь
И взрослых уважаешь.

Пример берёшь ты с них.
Ты - просто гордость их!
Сильный ты и ловкий,
Есть у тебя сноровка.

Ты спортом занимаешься
И этим увлекаешься.
Всё ты делать можешь,
Если что, поможешь.

В школу идти скоро,
Родителей опора.
Любишь ты их очень.
Ну спи. Спокойной ночи!

М

48.

МАМА

Это – мама твоя,
Ты и мама – семья.
Она красива, мила́.
Она тебя родила́.

Ты - её ребёнок,
Знал всегда, с пелёнок.
Она с тобою рядом,
Ты ищешь её взглядом.

Она всегда поможет
И делает, что может.
Тебя так сильно любит,
Обнимет, приголубит.

По тебе скучает,
Твою кровать качает.
Песенки поёт,
Покушать подаёт.

М

49.

МАШИНА

Машин ты видишь много,
Все едут по дороге.
Большие, грузовые.
Поменьше - легковые.

Они куда-то мчатся,
В жару, да и в ненастье.
Грузы все развозят.
Такси домой довозят.

Машинки - есть игрушки.
Они такие «душки»!
Ты их имеешь много,
Построил им дорогу.

Играешь часто с ними,
С простыми, с заводными.
Есть та, где сам ты рулишь.
Её ты - не забудешь!

М

50.

МИШКА

У тебя игрушка-мишка,
Это – маленький топтыжка.
С тобой всегда он рядом,
Ты ищешь его взглядом.

Его ты одеваешь,
С ним идёшь, гуляешь.
Ты мишку сильно любишь,
Ласкаешь и голубишь.

Он мишка «косолапый»,
Так нравится ребятам.
Ему всё доверяешь,
Его ты уважаешь.

Он спит с тобою вместе,
Всегда на лучшем месте.
Ты сказочку расскажешь
И «С добрым утром!» - скажешь.

М

51.

МОЛОКО

Молоко, даёт коровка,
Ну а пьёшь его ты ловко.
Вкусное, полезное
И такое нежное.

Белое по цвету.
Лучше в мире нету.
Силы набираешься,
Крепким получаешься.

На завтрак пей, на ужин
И здоровым будешь.
На радость маме с папой,
Да и сестрёнке с братом.

Коровка будет рада,
А с нею и всё стадо.
Все для тебя стараются,
Побольше запасаются.

М

52.

МОРЕ

Оно какое, море?
И что это такое?
В нём воды так много
И оно глубóко.

Оно совсем большое,
Без берегов такое.
Водица в нем солёная,
На солнце золочёная.

Вода у моря тёплая
И конечно мокрая.
Бывает, что холодная,
А пить, так непригодная.

Купаться в нём легко,
Ныряешь глубоко.
Песочек там красивый.
Мелкий, белый, милый.

М

53.

МОРОЖЕНОЕ

Ванильное, клубничное,
Пломбир и земляничное,
В рожке́ оно, в брикете,
В стаканчике, в пакете.

Молочное, сливовое,
Фруктовое, айвовое.
Каких их только нету,
Полно на этом «свету».

Откуда же берётся
И как нам достаётся?
Из молока и фруктов,
Ну и других продуктов.

Вся эта смесь взбивается
И так вот получается.
Его все любят очень,
Так вкусно, «нету мочи».

М

54.

МУЛЬТИКИ

Смотреть мы все их любим
И их не позабудем.
Они нас занимают
И радость доставляют.

Взрослые и дети,
На всём на «белом свете»,
Мультикам так рады.
Они для них - услада.

Мультики цветные,
Весёлые такие,
Добрые и звучные
И совсем не скучные.

Про всё они расскажут
И мило так покажут.
Смотреть их просто в радость,
Для деток - это «сладость».

М

55.

МУРАВЕЙ

Муравей, мурашек, крошка,
Бежит быстро по дорожке.
Маленький, красивый,
Такой трудолюбивый.

У муравьёв полно работ,
Других нет у них забот.
Работой всех заводят,
Друг друга не подводят.

Чёрные, усатые,
Есть рыжие, рогатые,
Быстрые и юркие,
Странные фигурками.

В общем, безобидные
И очень дальновидные.
В муравейнике живут,
Тебе привет передают.

М

56.

МЫЛО

Мыло - нужный нам предмет,
Им помылил - грязи нет.
Для того оно и служит,
Каждый с этим мылом дружит.

Пришёл с улицы домой,
Руки ты свои помой.
Намыль их очень сильно
И смой потом обильно.

А идёшь ты кушать,
Руки мой получше,
Опять же снова с мылом,
С душистым и красивым.

Оно бывает твёрдое,
Мягкое, натёртое.
И жидкое бывает,
Мыть руки помогает.

М

57.

МЯЧ

Он круглый и удобный
И совсем «незлобный».
Цветов бывает разных:
Зелёных, синих, красных.

Играешь с ним легко,
Кидаешь далеко.
Его катать ты можешь,
Не сразу и догонишь.

Большой бывает, маленький,
Как новый, так и старенький,
Из кожи и резиновый,
Гладкий и с «морщинами».

С ним один играешь,
Кидаешь, отбиваешь.
Играть с ним можно в паре.
Активней будь в ударе.

Н

58.

НОВЫЙ ГОД

Вот и снова Новый год.
Что с собой он принесёт?
Подарки, погремушки,
Конфеты и хлопушки.

Все будут веселиться,
Играться и резвиться.
Детвора так рада,
Ведь спать идти не надо.

Покушать много очень,
Всё, что ты захочешь.
Тут фрукты и варенье.
Поднимут настроение.

Подарки получаешь,
С волнением открываешь.
Там все твои желания,
(родителям задания).

О

59.

ОБЛАКА

На небе часто облака,
Их видать издалека.
Малые, большие,
Чудесные такие.

Причудливые, белые,
Внутри-то, пустотелые,
Из па́ра состоящие
И иногда блестящие.

Медленно парят
И так вперёд летят.
Их ветер подгоняет.
Красиво!!! Впечатляет.

В общем, безобидные,
На вид такие милые.
Разными бывают,
Радость доставляют.

О

60.

ОСЛИК

Ослик, ростом небольшой,
Светло-серенький такой.
Бывает чёрный, белый.
Ну а в душе́ - он смелый.

На лошадь он похожий,
Немного «толстокожий».
Упрямый он бывает,
Не торопясь шагает.

Ездить на нём можно
И это так не сложно.
Ещё он грузы возит,
Повсюду их развозит.

Голос его звонкий.
«Иа», - кричит он громко.
Добрый он к детишкам.
Порою, даже слишком.

П

61.

ПАВЛИН

Павлин - всем птицам птица,
Такая мастерица.
Самец её красавец,
А хвост - шикарный глянец.

Его он раскрывает
И этим удивляет.
Такое оперение,
Что всем на изумление.

Тот хвост, как веер просто,
Та птица – длиннохвоста.
На перьях «чудо-глазки»,
Их видно без подсказки.

Свой хвост он распускает,
Так самок завлекает.
Цветов бывает разных,
От белых до алмазных.

П

62.

ПАПА

Это - папа твой.
Сильный и большой!
Тебя он защищает,
Во всём он помогает.

Он с тобой играет
И с тобой гуляет.
В магазин он ходит,
Игрушки там находит.

Тебе всё разъясняет,
Тебя он забавляет.
Никогда не плачет
И с тобой рыбачит.

Твой папа – самый умный
И очень остроумный!
Тебя так сильно любит,
Обнимет, поцелует.

П

63.

ПЕСОЧНИЦА

Ты в песочнице играешь,
Что-то строишь, воздвигаешь.
Это замки и дома,
Из воды и из песка.

Там «печёшь» печенье ты,
Лучше нету красоты.
Все опять же из песка,
Они в форме лепестка.

У тебя с собой запас,
Что нужно́ тебе подча́с:
Лопатки, грабли, ложки,
Ведёрки, поварёшки.

Строитель ты и пекарь
И даже где-то лекарь.
В песочнице всё можно.
Но всё же, осторожно!

П

64.

ПИКНИК

А сегодня - выходной,
Запасайся ты едой.
Вы идёте на пикник.
В лес. Красиво. Там родник.

Можно взять ещё палатку,
На природе спать так сладко.
Мячик, шашки, бадминтон.
Птиц красивый перезвон.

Это ж всё не каждый день.
Ну а как цветёт сирень?
Какие запахи в лесу?
И там увидишь стрекозу.

Увидишь бабочек, растения,
Ты книжку взял свою для чтения.
Как хорошо там отдохнёшь,
Пикник удачно проведёшь.

П

65.

ПИРОЖОК

Спекли покушать пирожок,
Пусть полежит еще чуток.
Горячий он, из печки,
Лежит вот на дощечке.

Хрустящий, крепкий, вкусный,
С мясом иль с капустой,
С картошкой или с вишней,
Красивый, золотистый.

Откуда же берётся,
Когда он в печь кладётся?
Тесто надо сделать,
Ну а потом разделать,

На маленькие части,
Тут бабушки рукасты.
Начинкою заправить
И в печку печь отправить.

П

66.

ПЛАСТИЛИН

Пластилин - он нежный, мягкий,
Всех цветов и разный всякий.
Он для лепки применяем
И по форме изменяем.

Сделан он из глины, воска,
С ним работать очень просто.
Ты фигурки выминаешь
И подсохнуть оставляешь,

Чтобы крепче они были,
Чтобы хорошо застыли.
А потом, сидишь играешь,
Всей семье их представляешь.

Если в лепке ты хороший,
Есть талант и ты пригожий,
Скульптором ты станешь может.
А пластилин … тебе поможет.

П

67.

ПОГОДА

Холодная и тёплая,
Солнечная, мокрая,
Дождливая и снежная -
Погода безмятежная.

Она нас вдохновляет,
Порой и удивляет.
Её мы понимаем,
Как есть воспринимаем.

Солнечно? Гуляем.
На улице играем.
Дождливо? Сидим дома.
И это нам знакомо.

А в снег, берём мы санки
И шапочку-ушанку.
Снег такой красивый,
Пушистый, белый, милый.

П

68.

ПОЕЗД

Просторы, даль и красота,
Туда все ходят поезда.
Красивые и длинные
И с виду очень дивные.

Локомотив, вагончики,
Там ресторан, в нём пончики.
Сидишь ты там и кушаешь
И стук колёс ты слушаешь.

Поезда есть дальние,
А в них вагоны спальные.
Города, посёлки.
Поезд едет долго.

Его ведёт водитель,
Он в нём руководитель.
Машинистом называется,
Он для тебя старается.

П

69.

ПОПУГАЙ

Попугай есть у тебя,
Тоже он твоя «семья».
Красивый, говорливый,
Бывает и крикливый.

Такая вот он птица,
Спокойно не сидится.
В движении постоянно
И скажет что спонтанно.

Ты за столом и кушаешь,
Он рядом, тебя слушает.
Вокруг тебя он ходит,
С тарелки глаз не сводит.

Ты дашь ему кусочек,
Пусть поклюёт дружочек.
Он друг твой настоящий,
Пернатый, говорящий.

П

70.

ПТИЧКИ

Птички - они разные
И все разнообразные.
Красивыми бывают.
Все в основном летают.

Бывают нелетучие,
Есть ещё прыгучие,
С клювами большими,
А в основном с простыми.

По цвету, часто серые,
А есть цветные, белые.
Есть тихие и громкие,
Невероятно звонкие.

Они везде живущие
И все весной поющие.
Для до́ма гнёзда строят
И там птенцов выводят.

П

71.

ПЫЛЕСОС

Интересный он предмет,
Грязно было и вдруг нет.
Он пол сам очищает
И тот потом «сверкает».

Пыль собирает ловко,
Есть у него сноровка.
В себя он всё вбирает,
Если кто роняет.

Хороший он помощник,
Маленький, но мощный.
Внешне очень разный
И в общем, безотказный.

Но надо его чистить,
От грязи всей прочистить.
Работать с ним не сложно
И то тебе возможно.

Р

72.

РАДУГА

Какая многоцветная,
Большая, разноцветная,
Радуга волшебная,
Красивая и нежная.

Бывает после дождичка,
Если денёчек солнечный.
На небе появляется,
Красиво улыбается.

Цвета в ней необычные,
«Шикарно-мелодичные».
Оттенков очень много,
Искривлена немного.

Выглядит дугою,
Цветастую такою.
Редко так бывает,
Но радость вызывает.

С

73.

САМОЛЁТ

Что за чудо, самолёт?
Он берет тебя в полёт.
Повсюду он летает,
Радость доставляет.

Мощный и красивый
И внешне очень милый.
В нём сидеть удобно,
Птице он подобно.

В нём летишь на море,
Это будет вскоре.
Можно в нём покушать
И звук мотора слушать.

В нём удобно спать,
Книжку почитать.
И вот он приземлился,
Полёт твой, завершился.

С

74.

СВЕТ

Как же в доме-то светло.
Это солнышко взошло.
От него исходит свет.
Как красиво – спору нет.

Освещает всё кругом,
Как приятно в доме том.
Видно всё прекрасно,
Чётко, точно, ясно.

Свет от лампочек идёт
Уют в доме создаёт.
Лампочка даёт тепло,
Она как «солнышко» твоё.

Свет бывает от Луны,
От машин и от звезды.
Они светят ярко
Но от них не жарко.

С

75.

СВЕТОФОР

Что такое светофор?
Интереснейший прибор.
На дорогах он стоит,
Во все стороны «глядит».

Если хочешь перейти,
На него ты посмотри.
Загорелся красный,
Не ходи, опасно.

Вот включился жёлтый,
Будь тоже осторожный.
В общем, не переходи,
СТОЙ ещё, зелёный жди.

Ну а вот – зелёный.
Этот цвет знакомый.
На дорогу посмотри
И потом переходи.

С

76.

СКАЗКИ

Сказки любишь слушать ты?
В сказках нету скукоты.
Они все необычные
И где-то фантастичные.

Про добрых и весёлых,
Коварных и особых.
Герои в сказках разные,
Но, в основном, прекрасные.

Про гномов, великанов,
Про ханов и султанов.
Принцы есть, принцессы,
Маги, геркулесы,

Птички и зверушки,
Мальчишки и девчушки,
Колдуньи, ведьмы, феи,
Летающие змеи.

С

77.

СЛОН

Слон - животное большое,
Оно мощное такое.
По цвету больше серое,
Бывает серо-белое.

Он зверь так необычный
И не совсем привычный.
Хобот есть и бивни,
И они массивны.

Бивни – красотища!
Он ими ищет пищу.
Себя он защищает,
Коль кто-то нападает.

А хобот - для хватания,
Воды и обливания.
Купаться очень любит,
Так здоровее будет.

С

78.

СОК

Сок вкусный, ароматный,
Яблочный, томатный.
Есть из апельсина,
Из груши, мандарина.

Пить его полезно
И это всем известно.
Из фруктов выжимают
И после выпивают.

Есть соки овощные,
Приятные такие.
Сок есть ещё берёзовый,
Банановый, кокосовый.

В общем, соков множество,
Их всех одно достоинство,
Что они полезные,
Да и по вкусу нежные.

С

79.

СОЛНЦЕ

Оно светит ярко,
На улице так жарко.
Даёт тепло и радость.
Какая тут усталость?

Оно большое, солнце.
Ну выгляни в оконце.
Ему скажи ты: «Здравствуй».
Нет ничего прекрасней.

Тебе отправит лучик,
И раз … и нету тучек.
Красиво. И сверкает,
Ласкает, согревает.

Нарисуй ты солнышко,
Облачко и морюшко.
Картинку сотвори
И маме подари.

С

80.

СОН

Ты ложишься спать,
Какая благодать.
Сон увидишь снова
И это всё не ново.

Во сне тебе приснится,
Прекрасная жар-птица
Или что другое,
Милое такое.

Разный сон бывает,
Подумать заставляет.
А если сон тот странный,
Поведай его маме.

Она враз успокоит
И тайну сна раскроет.
Пора тебе ложиться,
Хороший сон приснится.

С

81.

СТРЕКОЗА

Такое насекомое,
Крыльями ведомое.
Много где летает,
Личинки собирает.

Стреко́зы - они разные
И так-то безопасные.
Цветов они различные,
Есть даже необычные.

Жужжат, когда летают,
То тут, то там мелькают.
Красивые, премилые,
Они - золотокрылые.

Их не лови, не надо,
Сопроводи лишь взглядом.
Стреко́зы - очень нежные
И жизнь их безмятежная.

С

82.

СЫР

Сыр - молочный он продукт.
Там много что ещё кладут.
Но молоко в нём основное,
Оно вкусное такое.

Сыры бывают твёрдые,
Мягкие и тёртые.
Из творога бывают,
Его в них добавляют.

Колбасные, копчёные,
Есть с «плесенью», варёные.
По форме они разные.
Цвета? Разнообразные.

По вкусу нежный очень,
Полезный, это точно.
Съешь сыр, когда голодный,
И будешь ты довольный.

Т

83.

ТАНЦЫ

Танцевать умеешь ты?
Воплоти свои мечты.
Стал хороший ты танцор,
Произведёшь теперь фурор.

Танцы - это для души!
В танце быстро закружи.
Быстрые, активные,
Лёгкие, спортивные.

Их бывает очень много.
Ты один или с подмогой?
Двое? Значит парные,
Один? Так одинарные.

Танцы: вальс и ригодон,
Полька, танго и чарльстон,
Румба, сальса, тарантелла,
Ча-ча-ча и хабанера.

Т

84.

ТАПОЧКИ

В каждом доме они есть
И достоинств их не счесть.
Они ножки греют,
От радости те «млеют».

Как проснулся, их одел,
Чтобы ты не заболел.
Мягкие, хорошие,
Между собой похожие.

Цветов бывают разных,
От синих и до красных.
Хоть формой есть различны,
Но внешне симпатичны.

У всех есть дома тапочки,
Они такие «лапочки».
В гостях их предлагают,
Так часто поступают.

Т

85.

ТЕАТР

Театр - вид искусства,
Там не бывает грустно.
Спектакли, представления
И супер-развлечения!

Театры есть для малышей
И для тех, кто повзрослей.
Там очень интересно
И для детей полезно.

Там много, что узна́ешь
И там умнее станешь.
Артистов там увидишь
И как поют услышишь.

Есть также со зверями,
Туда сходи с друзьями.
Такие представления,
Поднимут настроение.

Т

86.

ТЕЛЕВИЗОР

Телевизор есть у всех,
Из него ты слышишь смех.
В нём концерты и кино,
Мультиков полным-полно.

Папа смотрит там футбол,
«Наши» вот, забили гол.
А для мамы - сериал,
Про любовь и идеал.

Для бабули там рецепты,
Потом сделает конфеты.
Новости, в нём смотрит дед
И умнее его нет.

А мультфильмы для тебя,
Хотя смотрит вся семья.
Взрослые их любят тоже,
Чем на детей они «похожи».

Т

87.

ТЕЛЕФОН

А вот это - телефон,
Интересный очень он.
Весёлый он и звонкий
И внешне очень тонкий.

Звонишь ты и играешь,
Устал, так убираешь.
С ним делаешь ты фото,
Если же охота.

Ты смотришь в нём мультфильмы,
Они красивы, дивны.
Весёлые такие
И очень заводные.

В нём видишь свою бабушку,
Как печёт оладушки.
Привет ей посылаешь,
Её не забываешь.

Т

88.

ТУМАН

Иногда с утра туман,
Это не самообман.
Что такое и откуда?
Расскажу про это чудо.

В воздухе порой вода
Или льдинки, это да.
Вот так он возникает.
Туман такой бывает.

Когда туман является,
Погода изменяется.
Плохо видно очень,
Но он совсем не «прочен».

Прошло немного время,
И он исчез, поверь мне.
Так быстро растворяется
И солнце «улыбается».

Т

89.

ТУЧА

В небе видишь часто тучи.
Что такое? Мы научим.
Пар воды у ней внутри,
Дождик хлынит. Посмотри.

Тучи серые бывают,
Собой солнце закрывают.
Они относятся к природе,
В общем, тучи к непогоде.

«Тучей» - массы называют,
Когда много, так бывает.
Если «стая» комаров,
Скажут - «туча будь здоров».

Если кто-то мрачный очень
И он чем-то озабочен,
Говорят – «темнее тучи»,
Он проблемами замучен.

У

90.

УТКА

Утка - тоже птица,
Она гусей – «сестрица».
Но меньше по размеру,
По росту и по телу.

Се́лезнем, зовут самца
И не для «красного словца».
Красивый, мощный, ловкий,
Есть у него сноровка.

Утята - это детки,
Пушистые «конфетки».
Из яичек вылупляются,
Вот так и получаются.

Утки необычные,
«Сто» видов, все различные.
Живут у водоёма,
Там чувствуют, как дома.

У

91.

УТРЕННЯЯ ЗАРЯДКА

Вот проснулся ты с утра,
На зарядку нам пора.
Ею занимаешься,
Здоровья набираешься.

Дома можно делать,
На улице побегать.
Делаешь с предметами
Или же без этого.

Предметы для зарядки,
Проверим по порядку:
Палки для хождения,
Обруч для кручения.

Ходьба, прыжки - не сложно,
Всё это делать можно.
Другие упражнения,
Различные движения.

Х

92.

ХОМЯЧОК

Это маленький зверёк,
Под названием – хомячок.
На мышку очень он похож
И внешне с нею чем-то схож.

Разница однако есть,
Я прошу её учесть.
У хомячка мал хвостик,
Но побольше ростик.

Бывает рыжий, белый,
А есть и чёрно-серый.
Он фрукты ест, орешки,
Но он не сладкоежка.

Дома в клетке он живёт,
Орешки в норку там кладёт.
Он очень любопытный
И сам он безобидный.

Ц

93.

ЦВЕТНЫЕ КАРАНДАШИ

Карандаши цветные,
Красивые такие.
Они для рисования
И для картин создания.

Вот книжечка-раскраска,
Она как-будто сказка.
В ней картинок много.
Ну, разукрась немного.

Раскрась, как ты желаешь
И так, как ты мечтаешь.
Карандаши - помощники,
Они цветов источники.

Нарисуй картину:
Куклу, дом, машину.
То сам определяешь,
Рисуешь, сочиняешь.

Ц

94.

ЦВЕТЫ

Цветы - они растения.
Красивы? Без сомнения.
Найти везде их можно
И это так не сложно.

Растут в саду и дома,
В лесу, у водоёма,
В горах и у дороги.
Гляди себе под ноги.

Пахнут они сладко,
Вкусно, ароматно.
Пчёлок привлекают,
Нектар те собирают.

Цветы так романтичны,
Нежны и «мелодичны».
Цветы - подарок даме!
Дари их чаще маме.

Ч

95.

ЧАСЫ

Для чего нужны часы?
Ясно, что не для красы.
Время так мы узнаём,
По ним план наш создаём.

Что, когда и скоро ли?
Всё успели, всё смогли?
Опоздали или нет?
И есть ли время на обед?

Их на руке обычно,
Носят так привычно.
Висят большие дома
И это нам знакомо.

Часы укажут точно,
Есть время или срочно.
Очень нужные они.
Сколько время? Посмотри.

Ш

96.

ШАПКА

Шапка - головной предмет.
Её одел и ты согрет.
Тёплая, пушистая,
Нежно-бархатистая.

Носишь ты её всегда,
Когда на улице зима.
В холода и стужу,
Тот предмет так нужен.

Ушки закрывает,
Мороз не пропускает.
На спорт одень ты шапку,
Тебе не будет зябко.

Они бывают разные,
Совсем разнообразные,
С мехом и простые,
Приятные такие.

Ш

97.

ШКОЛА

Ты уже почти большой,
В школу ты пойдёшь впервой.
Будешь там учиться,
Там нельзя лениться.

Писа́ть, читать научат
И цифры все озвучат.
Там будешь рисовать,
С ребятами играть.

И петь там тоже будешь,
Те песни не забудешь.
И спортом заниматься,
И в нём соревноваться.

Домашние задания,
То часть самопознания.
Справишься, я знаю
И не переживаю.

Ш

98.

ШТАНИШКИ

Вот утром ты проснулся
И сладко потянулся.
Идёшь ты умываться,
А после - одеваться.

В одежде есть штанишки,
«Двойняшки-ребятишки».
Оделся и порядок,
Такой вот распорядок.

Дома в них играешь,
В других идёшь гуляешь.
Штанишки есть в пижаме,
В которой спишь ночами.

Штанишки есть для спорта,
Для бега и для корта.
Костюма часть - штанишки,
Пиджак - он их «братишка».

Щ

99.

ЩЕНОК

Какой маленький щенок,
Такой нежный малышок.
Он крайне любопытный,
Немного беззащитный.

Играть он хочет очень
И этим озабочен.
Прыгает и лает,
Чужих он не пускает.

Тебя он любит слишком,
Как маленький братишка.
Ты с ним всегда гуляешь,
Когда пришли, купаешь.

И, про между прочим,
Он радуется очень,
Когда домой приходишь,
Его гулять выводишь.

Я

100.

ЯИЧКО

Сегодня кушаешь яичко,
Оно от курочки, от птички.
Вкусное такое,
Яичко то - двойное.

Есть в нём беленький белок,
А также жёлтенький желток.
Для тебя полезные
И по вкусу нежные.

В жизни из яичка,
Возникает птичка.
От курочки - цыплёнок,
Он её ребенок.

Кладут их птицы в гнёзда
И сверху греют просто.
Птенцы там вылупляются,
Так птички получаются.

Дорогие друзья!

Если вас интересует моё творчество, то Вы можете приобрести также и мою другую детскую книгу: «Сказки для детей».

Это книга состоит из 2 сказок в стихах для детей 6 – 12 лет. Они учат детей добру, справедливости, взаимопомощи, а также любви к природе и животным.

Приобрести её Вы можете во всех книжных магазинах Германии, а также в интернет-магазинах: Amazon, Hugendubel, Thalia, Bücher.de и в других. Укажите в интернете (или назовите в книжном магазине) для этого просто её номер ISBN:

978-3-98527-722-3

Дорогие друзья!

Эта книга называется «Сказки для взрослых о царе Загуле».
Она именно <u>для взрослых</u>, не для детей.
В ней 2 сказки: «Ура! Отпуск! Море!» и «Наследник и женщины царя Загула».
Эти сказки для взрослых, в стихах, написаны современным, молодёжным языком нашего времени и, иногда, сленгом, которые соответствуют восприятию взрослого человека.

Эту книгу Вы можете приобрести во всех книжных магазинах Германии, а также в интернет-магазинах: Amazon, Hugendubel, Thalia, Bücher.de и в других. Укажите в интернете (или назовите в книжном магазине) для этого просто её номер ISBN:

978-3-98527-809-1